365 JOURS AVEC LA SAGESSE BOUSANKÉ (BOO)

COSME OROU LOGOUMA

Préface de
CLAUDE BIAO

Illustrations de
STAKE BOOKS

ISBN13: 979-8-218-35659-0

Couverture: Stake Books Illustration

Stake Books

Cotonou, BENIN - Gardena, CA, USA

books@stakebooks.com

A

*Mon père et ma mère qui m'ont montré Gawézi et
Lou pour que demain soit meilleur.*

*Mon cousin KISSIRA Mamah à qui j'offre ce travail
à défaut d'un cheval pour la fête de Ganni.*

*Toute la communauté Boo et en particulier au
groupe BOO YAASI GALI, voici vos 365 proverbes
pour l'année.*

« La sagesse des hommes est contenue dans les proverbes et quand les enfants manient les proverbes, c'est signe qu'ils ont profité du voisinage des adultes »

Djibril Tamsir Niane

PRÉFACE

J'ai grandi dans une maison où mes eux grand-mères représentaient l'image de la sagesse. Rosalie, la mère de mon père, aimait se présenter elle-même comme celle qui ne parle pas français – mais qui s'y essaye. Elle ne sait que deux expressions du français : « ça va bien » et « merci camarade ». La première, représente potentiellement l'un des plus importants héritages de son mariage avec un secrétaire de canton dans l'ancienne administration coloniale. Elle exprimait une cordialité respectueuse à ceux qui avaient pu être les patrons de son époux. La deuxième expression, « merci camarade » égalisait tous les êtres humains dans un seul mot à l'histoire chargée : camarade. Lorsque la mère de ma mère, Marie-Hélène voulait nous remmener à l'ordre après une bêtise trop évidente, elle nous félicitait : « tu as bien fait mon petit-fils, comment tu as-tu su que c'était possible, c'est bien ». Elle avait la suprême élégance d'enrober ces félicitations dans un ton équivoque qui nous poussait à réévaluer mon choix et à nous raviser.

En tant que femmes dans une culture dont la sagesse est dominée par les hommes, l'on ne devient sans doute sage qu'en étant devenue grand-mère, et l'on ne fait accepter sa sagesse qu'en l'ayant rendue lisible envers mais surtout contre les préjugés, arguments mâles contraires et autres prescriptions du même ordre.

Rosalie et Marie-Hélène, chacune à sa manière, me rappellent à la fois l'élégance et la trivialité des sagesses populaires africaines représentées par leur plus belle expression, les proverbes. Tout comme mes grand-mères, ils doivent naviguer un monde de vents contraires et de certitudes péremptoires et injustes. Et tout comme elles, ils doivent dire leur sens sans écorcher l'orgueil ambiant, qu'il fût mâle et définitif, ou civilisationnel et fluide. C'est certainement l'une des raisons les plus plausibles pour lesquelles ils n'ont presque jamais d'auteur, les proverbes. Ce qu'ils disent porte le germe de l'universalité. Et, tout comme le bon sens, ils se proclament les mieux partagés, tout en se révélant les moins écoutés.

On peut étendre à l'œuvre que vous tenez entre vos mains, ce paradoxe essentiel aux proverbes. Ici, la culture Bousanké – ou Boo, selon le côté des frontières où le hasard vous place – se révèle dans toute sa splendeur, trop côtoyée et pourtant trop peu connue. Par le travail acharné de mon frère et ami Cosme Orou Logouma, on peut entendre les voix de ces sages endormies dans l'anonymat. Leur bon sens, redit la pensée que l'on croit souvent connaître beaucoup parce que l'on l'a beaucoup entendue. Cette sagesse, c'est la sagesse Boo. Mais c'est un héritage universel qui mérite d'être porté, révélé, célébré. C'est le sillon sinueux tracé par les pas des gens qui ont arpenté cette terre avant nous. Comme ma grand-mère Rosalie et son éternel « camarade » ou Marie-Hélène et son bienveillant sarcasme, cette sagesse nous dit si la gorge veut sous-estimer l'ombre du menton qu'elle aille se loger sous la nuque.

Claude Biao,
    Écrivain

INTRODUCTION: LA CULTURE BOUSANKÉ (BOO)

La culture Bousanké, également connue sous le nom de Boo, est ancrée dans le Nord du Bénin et constitue actuellement une minorité ethnique. La communauté Boo a joué un rôle historique significatif en établissant le royaume de Nikki, démontrant leur bravoure et un sens profond de l'honneur. Face à la colonisation, des figures historiques nationales telles que Bio Guerra se sont distinguées en résistant vigoureusement. Bien que les Boo partagent certaines similitudes culturelles avec les Baatombu, il est essentiel de noter que linguistiquement, ils appartiennent à des groupes distincts, les Boo étant du groupe mandé et les Baatonu du groupe gur.

L'ethnie Boo est principalement concentrée dans la région Nord-Est du Bénin et Nord-Ouest du Nigéria, avec un patrimoine culturel riche qui s'exprime à travers des traditions telles que les jeux de chevaux, les danses et la musique. Leurs croyances religieuses ont historiquement été ancrées dans l'animisme, bien que l'islam ait également trouvé une place croissante au sein de la communauté.

Géographiquement dispersés, les Boo, Boussa, Bokobalu et Schenga forment des ilots linguistiques au sein d'autres groupes linguistiques. La région du Borgu, qui englobe les royaumes de Bussa, Illo, Kaima, Nikki, et Wawa, constitue un centre culturel et historique majeur. Bien que séparés par les frontières coloniales, ces royaumes maintiennent des échanges réguliers et fréquents, soulignant la connectivité culturelle au sein de cette région.

Le Borgu lui-même a une histoire riche, résistant avec succès aux conquêtes précoloniales, y compris contre l'Empire Songhaï et le califat de Sokoto. Composé de royaumes indépendants interconnectés par des liens ancestraux, culturels et des alliances défensives, le Borgu a toujours été un ensemble de royaumes autonomes plutôt qu'un seul État.

L'origine des aborigènes du Borgu remonte aux langues Niger-Congo et Mandé, avec des migrations provenant du Moyen-Orient à travers le Nord-Est de la République du Bénin. La tradition orale indique que leurs ancêtres étaient les Arabes Shuwa et les Fulanis, dont la migration a été facilitée par les routes commerciales du Soudan.

Le roi Zimé Dobidia, une figure clé dans l'histoire, a joué un rôle crucial dans la création du royaume de Nikki. Les rois de Nikki, également appelés Sinabogo, appartiennent à la tribu des Bousanké, qui se rattache à la tribu des Malinké. Les Bousanké se considèrent comme les descendants d'une lignée ancienne remontant à l'Empire malien, démontrant ainsi leur influence historique.

Les rois de Boussa jouissent d'une suprématie morale basée sur l'histoire ancienne de leur lignée, plutôt que sur des critères tels que l'étendue territoriale ou la richesse matérielle. Ainsi, la culture Bousanké se distingue par son histoire complexe, ses migrations ancestrales, ses traditions culturelles riches et son impact significatif sur la région du Borgu. Les Boo continuent de maintenir leurs coutumes, célébrant leur identité unique au sein de la mosaïque ethnique de la région.

1 ĨAMPUU

L'HARMATTAN

Novembre à Février
Saison de la récolte du maïs, du sorgho et des
ignames.

Le maïs est haut sur ses épis, le sorgho est sec. Regarde ! Ne vois-tu pas que la terre est mûre ? Sors, cultivateur, vas chercher tes ignames dans le ventre des buttes.

BÙLÈBA
(NOVEMBRE)

Qui récolte le sorgho sur sa tige ne regarde pas en bas.
Le criminel ne pense pas aux conséquences de ses crimes.

Si tu veux entendre le coassement de la grenouille, piétine sur le papyrus.
Qui veut connaitre la vérité va à la source.

Les toiles d'araignées ne font pas de tissu.
Tout ce qui se ressemble, ne joue pas les mêmes rôles.

Une seule graine néré tombée dans l'eau, gâte l'eau.
Une seule mauvaise personne détruit la renommée de toute une famille.

Le mensonge donne des fleurs mais jamais des fruits.
Le mensonge donne un vain espoir.

Quand on est assis sur une branche, on ne la coupe pas.

On ne détruit pas une opportunité dont on jouit des fruits et des avantages.

C'est le voleur qui sait suivre les traces d'un autre voleur sur la montagne.

Il faut être un habitué pour reconnaître les manières d'une personne. C'est un voleur qui reconnaît un autre voleur.

C'est celui qui va au marigot qui casse la gourde.

Seul ceux qui travaillent commettent des erreurs.

Deux béliers ne boivent pas dans le même abreuvoir.

Il n'y a pas deux capitaines dans un bateau. Deux responsables ne restent pas dans un même poste.

Il a poursuivi deux oiseaux.

Il poursuit deux choses à la fois et sort bredouille.

Toiser l'enfant de sa coépouse ne tue pas.

Se fâcher contre quelqu'un sans une cause vous liant directement, ne l'affecte en rien. Comme pour dire les regards critiques n'empêchent pas le progrès.

Tout ce qui s'est chauffé refroidira.

Aucune situation n'est permanente. Tout à une fin.

Tout le monde a des dents mais c'est celui qui laisse voir les siennes qui a des dents.

Tout le monde a ses problèmes mais c'est celui qui expose les tiens qui est coupable car il fait appel aux regards et aux critiques.

Tout le monde regarde le soleil au-dessus de sa tête.

Chacun s'occupe de ses oignons. Face à un problème, chacun est concerné à hauteur de ses responsabilités.

Tu as laissé là où tu as trébuché pour t'en prendre à l'endroit où tu es tombé.

On s'en prend souvent aux conséquences au lieu de chercher les causes.

Tu cherches la potasse sur la trace de la salive du tabac.

Tu cherches là où tu ne trouveras rien.

Tu n'aimes pas le margouillat mais il est sur ta muraille.

Tu n'aimes pas quelque chose mais tu vis avec.

Tu sors de la chambre du pet et tu entres dans la chambre du caca.

Pour éviter un petit mal, tu tombes dans le pire.

Un enfant au dos ignore la distance de la route.

Quand on est à la charge de quelqu'un on ne connait pas les difficultés qu'on traverse pour évoluer.

Un seul doigt ne lape pas la sauce gluante.

C'est l'union de plusieurs personnes qui permet de réussir une un grand projet.

Un vieillard debout sur terre voit plus loin qu'un jeune sur le rônier.

Même si le jeune possède la connaissance, le vieillard a plus d'expérience que lui.

Un vieux balai nettoie mieux qu'un nouveau.

L'expérience laisse toujours des œuvres de qualités

Un vieux ne lance pas inutilement une flèche empoisonnée dans l'eau.

Un vieux n'agit pas sans raison. Le sage n'agit pas vainement

Vous soufflez sur le feu avec l'eau dans la bouche.

L'hypocrite fait toujours semblant d'aider.

Il a tiré une flèche sur un charognard.

Faire quelque chose qui ne vous honore pas.

Il couvre le petit de charognard comme si c'était un poussin.

Ce que l'on pense cacher se découvre.

Il est sorti par la sortie des coqs.

Une mauvaise fin. Il a fini dans le déshonneur.

C'est dans l'empreinte de l'éléphant que s'abreuve l'antilope.

C'est la présence de certaines personnes qui offre des opportunités à d'autres.

Seule la colline éloignée qui se laisse admirer.

L'apparence est trompeuse. De loin nous avons souvent une vision parfaite des choses et de près nous découvrons à travers les détails les imperfections.

C'est grâce à certaines personnes que d'autres mangent la viande de l'éléphant.

C'est la présence de certaines personnes qui offre des opportunités à d'autres.

ESEKÊ
(DÉCEMBRE)

*Si quelqu'un donne un coup de paume à un hérisson,
qu'il soit prêt à retirer les épines avec ses dents.*

On récolte les conséquences de ses actes.

*Si les premiers mils n'ont pas donné les derniers
souffriront du niellage.*

Si les devanciers n'ont rien fait, ce ne sont pas
leurs successeurs qui feront mieux. Ou si les pion-
niers n'ont pas balisé le terrain les arrivants en souffriront.

Lorsque le roi pète, ses sujets chient.

Lorsque la tête est corrompue, les membres le
sont encore plus.

*Quand tu n'es pas à la maison, ta chèvre met toujours
bas des mâles.*

On ne trouve que les solutions qui arrangent les

personnes présentes. En votre absence, vos problèmes ne seront réglés qu'à moitié.

Lorsqu'on lance une pierre, chacun protège sa tête.

Chacun protège ses propres intérêts quand le danger menace tout le monde.

Quand tu n'as personne qui protège ta nuque, n'engage pas la lutte sur une roche.

Lorsque l'on n'a pas les assurances nécessaires on ne prend pas des risques inconsidérés.

Qui sous-estime l'étrenne, ignore l'effet du refus.

Un « tiens » vaut mieux que deux « tu auras ».

Sauter un puit en lui faisant dos.

Risquer sa vie bêtement par un choix non réfléchi.

Si Dieu aime le voleur, il aime aussi le propriétaire.

Le mal sera un jour découvert. Quatre-vingt-dix jours pour le voleur et un jour pour le propriétaire.

Si l'aisselle dit qu'elle sent, c'est que l'anus est au champ.

Le problème que vous considérez comme pire ne l'est pas réellement si on le comparait à d'autres.

La partie où on frappe l'âne est une cicatrice vieille.

Si quelqu'un vit dans une permanente souffrance une souffrance de ne lui dit plus rien.

La perdrix n'est pas insignifiante sur sa termitière.
On est fort sur un terrain que l'on maîtrise.

La petite et la grosse merde ont toujours la même odeur.
Ce qui est avarié est avarié, cela ne demande plus de débat. Il n'y a pas de faute mineure. Une faute c'est une faute.

La poule ne piétine pas son poussin pour le tuer.
Discipliner un enfant ne signifie pas que l'on ne l'aime pas.

La tête de la houe se casse aux champs.
Seul celui travaille fait des erreurs. L'erreur n'arrive qu'à ceux qui sont à pied d'œuvre pour un objectif bien déterminé.

Si tu creuses un puit où tu n'as pas trouvé l'eau, défèque dedans.
Quand on travaille pour un but et qu'on est sûr que cela n'est plus possible, il faut l'utiliser ce qu'on a pu obtenir pour un but. Tout est utile dans la vie, même l'échec.

La tortue veut tourner les reins mais sa carapace l'en empêche.

On a bien envie d'accomplir parfois certains actes de générosité, mais les conditions ne les permettent pas.

La tradition a poussé l'engoulevent à pondre au soleil.

La coutume des parents revient aux enfants.

Le bœuf de tête ne boit jamais l'eau salle.

Le devancier profite mieux que ceux qui viennent après lui. La position dans la société donne des avantages.

Le bucéros qui n'a pas été élevé par sa mère dans un trou d'arbre fait son nid avec les colombes.

Celui qui n'a pas été élevé dans sa famille ne sait rien des coutumes de celle-ci. Grandir dans un milieu facilite la connaissance du milieu.

Si tu demandes à Dieu de te sauver, attrape bien l'arbre.

Aide - toi et le ciel t'aidera. Ce n'est pas en priant que l'on obtient tout ce qu'on veut, on doit aussi se battre pour ce qu'on veut. Avant d'en appeler à Dieu, il faut savoir fournir les efforts nécessaires.

Si tu dis que le menteur n'aura pas de victime, l'avare n'est pas proche.

La cupidité et l'avarice rendent vulnérable au à l'appât du gain facile.

Si tu écoutes la souris, écoute aussi la moutarde.

On n'écoute pas un seul camp pour juger un problème qui oppose deux différents camps.

Si tu n'écoutes pas les conseils, tu écouteras les condoléances.

Quand on refuse les conseils, on ne refusera pas les mots de compassion face aux conséquences. En d'autres termes, les conséquences corrigent mieux que les conseils.

Qui fait confiance à la cendre se fait brûler.

Lorsqu'on fait confiance à tout le monde on s'expose à la trahison.

Qui mange ta chair ignore que tu es chétif.

Celui qui profite de ta prospérité ignore tes moments de pénurie.

C'est ce que l'oiseau a mangé qu'il chie

Les conséquences sont dans la proportion des actes qu'on pose en amont.

Le peulh se loge dans le camp de son prochain.

Qui s'assemble se ressemble.

Le responsable de toutes les attaques dans l'eau, c'est le crocodile.

Dans un groupe, le chef est responsable des dérives.

Le reste du bois de feu est mieux que la cendre.

Ce qui peut te servir encore, est préférable à ce qui ne te sera plus jamais utile.

Le sel ne proclame pas qu'il est salé.

On ne déclare pas ce qu'on est, on le prouve.

WÊDAALÊA
(JANVIER)

La tortue transpire dans sa carapace.

Se dit d'une souffrance qui ne s'aperçoit pas à cause de la position sociologique ou politique d'un individu. Les apparences sont trompeuses.

Les oiseaux passent leur semaine dans le feuillage de l'arbre fruitier.

Le riche a beaucoup d'ami.

Le cochon ne se fatigue pas de son groin.

On ignore et supporte ses propres défauts. On les trouve même normaux et naturels.

Les colombes se battent à cause du son de mil

Les gens se disputent pour ce qui ne leur appartient pas.

Les merdes chaudes se versent sur la mouche impatiente.

L'impatient se crée plus de problèmes.

Les oreilles ne dépassent jamais la tête.

On ne dépasse pas celui qui vous supporte.

Si ta bouche est longue, souffle le feu qui est devant toi.

Si tu sais résoudre les problèmes d'autrui, résous les tiens.

Si ta mère est absente à la maison, ta marâtre est ta mère.

Contente-toi de ce que tu as à ta portée et qui pourrait te servir.

Le roi qui humilie le forgeron en saison sèche, s'agenouillera devant lui pendant la saison des pluies.

L'on n'est jamais assez fort/ riche pour être auto-suffisant en toutes circonstances.

Les tortues combattantes savent se poignarder.

C'est facile pour ceux qui se connaissent de se maîtriser.

Les yeux ne s'éclairent pas sans cicatrices.

On ne réussit pas sans effort. Les conséquences douloureuses corrigent mieux que les mots.

On n'achète pas des poissons dans l'eau.

Il ne faut pas se fier aux promesses pour prendre des engagements.

On n'arrête pas un voleur en demandant s'il faut le frapper.

Un coupable connu doit être puni.

On n'arrive pas à envoyer l'enfant du passé.

Ce qui est fait est fait. On ne change pas le passé.

On n'attache pas un cheval bien portant sans corde.

Qui a l'âge de se marier, on doit lui chercher une femme. La femme permet de tenir un homme comme la corde permet de garder un cheval.

Le douteux se promène toujours avec son carquois.

Le coupable est toujours aux aguets.

Si l'aveugle ne meurt pas la plaie de son tibia ne guérit pas.

Tant qu'il y a la vie, on n'en finit pas avec les problèmes.

Si l'insensé pète et tu ne réagis pas, il ignore que ça sent mauvais.

Si on te fait du mal et tu ne réagis pas, on ne se rend pas compte du mal qu'on te fait subir.

Si l'obligation met ses pieds sur toi, mets ton bras sur lui.

Il faut s'adapter avec ce qu'on a pour mieux évoluer.

Si l'orage s'abat et tu trouves un mulet, lorsqu'un autre orage se prépare, enlève-lui les mors.

Ce que l'on gagne occasionnellement et facilement se perd dans les mêmes conditions.

Si la gorge sous-estime l'ombre du menton qu'elle aille se loger sous la nuque.

On ne sous-estime pas l'endroit où la nature a voulu que l'on soit. On doit se contenter de sa position pour être heureux.

Tant que le feu de brousse ne finit pas, la souche ne doit pas se moquer de la cendre.

Tant qu'il y a la vie, on ne doit pas se moquer des autres qui se retrouvent dans une mauvaise situation. Rien n'est acquis définitivement dans la vie.

Si le fleuve Niger n'a pas pu t'emporter, ce n'est pas l'eau de marécage qui soulèvera ton pied.

Pour avoir traversé les situations les plus extrêmes, on ne craint plus les petites difficultés.

Dieu t'a appelé et tu as répondu en sifflant.

On t'offre une belle opportunité et tu la refuses

par négligence. Ce proverbe se dit dans une situation où par négligence, l'on ne peut pas saisir une opportunité qui se présente alors que c'est la meilleure de sa vie.

Si le poisson dit que le marigot est borgne qui pourrait dire le contraire.

Celui qui te connait le mieux s'il ment à ton sujet, l'on le croit.

Le feu ne brûle pas deux fois la brousse.

La haine des autres n'empêche pas la réussite. Une fois touché, on développe d'autres aptitudes pour mieux les affronter.

Le feu s'est éteint et tu joues avec la cendre.

Il faut se méfier de l'eau qui dort.

Le fou sait où prendre son plus gros bâton

Le blâmeur ne peut pas blâmer tout le monde.

Le haricot ne produit pas pour le mangeur de beignets.

À celui sait utiliser quelque chose il n'y en a jamais assez.

Le léopard a été brulé et on le confond à la civette.

Dans certaines circonstances, on sous-estime la dangerosité des risques que l'on prend.

Le léopard ne change pas ses taches.

On ne change pas ce qui est naturel en soi. L'habitude du berceau dure jusqu'au tombeau.

ATÔ
(FÉVRIER)

Malgré l'intelligence du poisson-chat, il ne peut pas chasser le crocodile de son trou.

C'est difficile de renvoyer quelqu'un de sa maison malgré ses caractères qui vous gênent.

Le chef est une poubelle, sur lui on déverse tout le mal.

Le chef doit accepter de porter la responsabilité des réussites et des échecs de son groupe.

Si tu trouves du bon vent, vanne les pierres.

Dès qu'il y a une occasion profite au maximum.

Malgré l'intelligence de la perdrix la colombe l'enseigne.

Quelqu'un que l'on considère moins intelligent que soi peut trouver une solution à votre problème.

L'oseille germe avec son acidité.
On grandit avec ses vices.

La bonne position permet d'attraper le bon poisson.
C'est à côté de certaines personnes qu'on a les meilleures chances de gagner.

C'est l'herbe qui mange le cheval maintenant.
Celui qu'on devait gouverner gouverne.

C'est parce qu'on veut la joie du fromage qu'on le coupe avec un couteau.
C'est par amour qu'on ne traite pas certaines choses ou personnes avec exigence.

C'est sur la trace de ce qu'on traîne que l'on fait la poursuite.
L'évidence facilite la recherche.

L'enfant sur l'épaule ignore la distance à parcourir.
Qui n'a jamais essayer ignore les difficultés qu'on a en fessant quelque chose.

L'épine n'est pas comestible à la poule.
Ne tente pas l'impossible selon sa classe sociale.

L'étranger est une rosée.
Prends soin de l'étranger, il ne tardera pas à partir. Profite bien des choses éphémères.

L'habitude pousse l'aveugle à regarder derrière.
L'habitude est une seconde nature.

L'insecte que tu sous-estimes entre dans tes narines.
Il ne faut jamais sous-estimer son ennemi.

L'insensé croit que la viande du coq noir est noire.
L'apparence est trompeuse.

L'oignon qui pousse sur la roche, c'est Dieu qui l'arrose.
C'est Dieu qui veille sur les faibles et les malheureux qui se retrouvent dans les situations difficiles. A situation spéciale, Dieu donne des mesures spéciales pour sauver l'être humain.

L'oiseau qui chantera pour détruire le village, lorsqu'il se bat les ailles on l'arrête.
Il faut vite arrêter celui commence à calomnier pour embrasser un pays.

L'oisillon qui appelle la pluie se fait mouiller.
Quand on provoque une situation on n'est pas à l'abri des conséquences.

L'oisillon qui n'écoute pas le chant de sa maman chante autrement
L'enfant qui n'écoute les conseils de ses parents se comporte mal dans la société.

L'oseille critique l'acidité du tamarin.

Les méchants se critiquent.

La canne de la famille ne se casse pas.

Quelque soient les problèmes de la famille, les membres s'entendent.

La colombe s'est perchée sur la corde de ton arc.

Le juge ne se juge pas.

La crue d'un fleuve ne dépasse pas la colline.

Un problème ne se pose pas plus qu'il en faut.

La jeune feuille de rônier ignore que l'ancien a régné.

Le jeune ignore qu'avant lui, le vieux a aussi été jeune. Rien n'est nouveau sous le soleil.

La lune et le soleil se sont attrapé.

Quand deux forces s'affrontent, les faibles restent à leur position habituelle pour les observer.

La main de l'enfant rentre dans la gourde, et celle de l'adulte touche la plate-forme.

A chacun ce qui lui revient comme tâche pour l'équilibre et la bonne marche de la société.

La main droite nettoie la main gauche, et la main gauche nettoie la main droite.

C'est dans la solidarité que l'on réalise un grand projet. On ne réussit jamais seul.

Là où la vache lèche le calcaire, le veau y lèche aussi.

Telle mère, telle fille.

Là où vit le poisson, il ne faut pas que l'eau tarisse.

Ne priver pas le minimum qui peut faire vivre ou évoluer quelque chose ou quelqu'un.

2 GUANTÉNA
LES GRANDES CHALEURS

Mars à avril
Saison des contes au clair de lune, de la chasse et de
la floraison du Karité

Il y a très longtemps, sur le rônier,
chantait le vent des contes. Mars est là,
voici venu le temps épique où l'on chasse
et pique. Où l'on raconte ses exploits et
ses banalités, comme la paisible floraison
du Karité.

GUATÊNA
(MARS)

Le malheur dans l'arbre ne concerne pas le crapaud.

On n'a rien avoir avec un milieu que l'on ne fréquente pas. On ne subit pas les conséquences de ce qu'on ne fait pas.

Sois l'ami des singes et ton bâton ne restera pas coincé sur l'arbre.

Si tu as de bons amis, tes problèmes auront des solutions et au bon moment.

Si tu veux devenir crocodile demain, devient écorce de Karité aujourd'hui.

Imite aujourd'hui ce que tu veux devenir demain.

A cause de la maltraitance le coq craint l'épervier.

Ce que tu crains depuis ta tendre enfance, tu le

craindras même à l'âge adulte. Le courage ou la peur que l'on traîne dès le bas âge nous suit jusqu'à la fin de notre vie.

Dès le début le zébu donne la bosse à son veau.

Il faut éduquer l'enfant dès son bas âge.

Si le feu ne brûle pas l'arbuste épineux il ne donne pas de bons fruits.

Si on ne punit pas le malfaiteur, il ne se corrige pas.

C'est celui qui mange l'arachide qui boit de l'eau.

Il n'y a pas d'acte sans conséquence. Il faut assumer les conséquences de ses actes.

C'est difficile de réveiller celui qui ne dort pas.

Celui qui se croit malin n'écoute personne.

C'est en somnolant, qu'on devine la douceur du sommeil.

C'est en élaborant un projet qu'on ressent sa grandeur.

Dieu ne remblaye pas une dépression.

La pauvreté du misérable s'augmente toujours. C'est à l'homme de travailler pour combler ses lacunes.

Dieu ne tue pas pour jeter, il l'adosse à l'arbre.

Dans les difficultés, la divine providence est toujours présente pour qu'une autre meilleure porte s'ouvre.

Que diseur de bien en fasse.

C'est une expression pour désigner l'hypocrite. Que les actes reflètent les paroles de celui qui les pose.

Celui qui refuse d'aller à la chasse, ne doit pas se plaindre de la qualité de la viande qu'on lui donne.

Quand on n'a pas participé à gagner quelque chose, on ne doit pas exiger la quantité ou la qualité de la part qu'on vous donne en geste de générosité.

Emprunter un pénis ne permet pas de bien uriner.

On n'arrive pas à bien user ce dont on n'est pas le propriétaire.

Être sur un arbre n'est pas synonyme d'une couchette.

Une occasion ponctuelle ne signifie pas un confort permanent.

Il est sorti par la sortie des coqs.

Il a eu une mauvaise fin. Il a fini dans le déshonneur.

Il est toujours le marchand des déficits.

Tout ce qu'il entreprend lui attire des malheurs.

Il lance la pierre et cache sa main.

Ce proverbe désigne l'hypocrite.

Il n'est jamais tard de capturer la tortue.

Il n'est jamais tard d'accomplir ce qu'on a à accomplir.

Il ne fait pas nuit et tu as peur.

S'inquiéter du peu alors que le plus grave n'est pas encore là.

Il oublie là où il a trébuché s'attaquer à l'endroit où il est tombé.

L'on ne s'attaque les conséquences en ignorant les causes.

Il rame avec les mains et décortique le néré avec les dents.

Il épuise toute ses ressources et toute son énergie dans une situation de désespoir extrême.

Je préfère le malpropre au bavard.

Je préfère le sale au le calomniateur. Entre deux maux, il vaut mieux choisir le moindre.

Je n'aurai pas en main un bâton et me laisser mordre par un chien.

Quand on a le pouvoir, on l'exerce. Autrement dit, on jouit de ce qu'on a.

Je ne ferai pas l'échange de mon varan contre un lézard.

L'on n'échange pas le meilleur pour le moins bien.

Je ne peux pas regarder les yeux rouges du bouc pour que l'idole ne me réclame.

Il faut toujours choisir ce qui vous arrange et vous éloigne de la colère des dieux.

Je ne vais pas perdre mon chien et perdre aussi ma flute.

Il faut savoir couper ses pertes.

Je vais garder mon bois tordu en cherchant le bois droit.

Se contenter du peu que l'on a en cherchant le meilleur.

C'est en tissant qu'on obtient un pagne.

C'est en travaillant dans la persévérance qu'on obtient ce que l'on veut. La réussite vient d'un travail assidu.

C'est le bruit de la rivière qui facilite la fuite du varan.

La mésentente empêche la résolution d'un

problème.

C'est le ventre qui soulève les pieds.

Avec la faim rien n'évolue. Ventre affamé n'a point d'oreilles.

GBAALA
(AVRIL)

La tête du serpent guide sa queue.

Qui vous supporte vous guide. L'on dépend toujours de son guide.

Le singe ne se met jamais en colère contre l'arbre, après ses balades, c'est là qu'il vient se reposer.

L'on ne rejette pas ce qui est essentiel et indispensable sa vie.

Une journée de course ne case pas les pattes au jeune bubale.

Le brave tient toujours face à des épreuves d'une journée.

Une mère poule ne saute pas par-dessus le feu.

Un responsable doit se garder de prendre des risques inutiles.

Même si le crapaud se fâche, il ne peut pas avaler le serpent.

C'est inutile de se mettre en colère contre quelqu'un à qui l'on ne pourra rien faire.

L'on ne cache pas au boiteux sa chicotte.

Lorsque quelqu'un dépendant de vous, il n'a pas le choix, on en fait ce qu'on veut contre son gré.

La bouche qu'on connaît avec le cola n'est pas bonne avec un autre fruit inférieur.

Il faut savoir honorer une bonne réputation chèrement acquise. Agissez toujours en noble si vous être de la classe des nobles.

Si le singe met bas la nuit, il le jette.

Quand quelque chose naît dans une des circonstances confuse (ou négatives), on l'abandonne.

Le voleur escale le mur le moins haut.

C'est le faible qu'on opprime. On profite de la faille que vous avez laissée pour vous atteindre.

Il ne faut pas envoyer pas une belle femme consulter l'oracle.

L'on n'envoie pas un les personnes inappropriées pour gérer une urgence.

L'hyène s'est privée des intestins d'autrui à cause des siens.

Ne fais pas à autrui ce que tu n'aimes pas.

La branche ne se casse pas dans la main du caméléon.

Qui va lentement va surement.

Le bœuf du pauvre ne pousse pas les cornes.

L'impécunieux n'arrive pas à économiser, il brade tout. Quand on est en difficulté économique, on brade ce qu'on a.

Le charognard ne sait pas que le cheval coûte cher.

On ignore la valeur de ce dont on ne connaît pas le prix. Ce qu'on ramasse gratuitement et dont on ignore la valeur n'est pas bien traité.

Les collines qui sont loin sont bien nivelée.

Seuls ceux qui sont loin de nous sont les meilleures personnes sans défaut.

Même si l'eau sale ne peut servir à rien, elle peut servir à éteindre le feu.

Même ce qu'on croit inutile peut servir quelque fois et souvent dans les situations les plus dangereuses.

On dit de ne pas calomnier et les pintades vont se tresser.

On interdit de critiquer et on n'agit pas convenablement.

On n'enseigne pas à une perdrix comment se cacher.

On ne fait pas le pédant avec celui qui cannait.

On n'exalte pas le mouton pour la chasse des babouins.

Le travail que l'on ne fait pas, on ne lui donne pas son stimulant.

On ne cherche pas le sang sur un criquet.

On ne cherche pas quelque chose là où ça ne peut pas exister.

On ne fait pas la magie sans boubou.

On n'accomplit pas de grande œuvre sans la préparation préalable. Tout demande un minimum de sacrifice.

Petit à petit l'escargot atteindra Nikki.

A force de patience et d'obstination, on atteint son objectif.

Quand l'oiseau meurt, le vent emporte ses plumes.

Quand le chef qui unit une maison disparaît, la famille autrefois unie se disperse.

Qui trouve le vent vanne les gravillons.

Si certains trouvent les moyens, ils exagèrent dans leurs entreprises.

Si certaines personnes sont rassasiées, ils disent à Dieu de descendre pour lutter.

Quand certaines personnes sont riches ils oublient Dieu. Dans certaines situations de confort, on se sent très fort et on défie le Créateur.

Si l'éléphant se perd, on le cherche même dans les poulaillers.

Il n'a pas de lieu fixe pour chercher ce qui est perdu.

Ta bouche t'a coupé d'herbe comme le rat.

Ta propre bouche qui t'a condamné. Tu es la cause de ton propre malheur.

Trop de lait ne gâte pas la bouillie.

Faire plusieurs fois le bien ne fait pas mal.

Un bon appel c'est une bonne réponse.

Une bonne action donne lieu à une bonne rétribution.

Un estropié ne fait pas la guerre. S'il décide de faire la guerre, un aveugle se fera l'orgueil de presser aussi les pas.

Le ridicule prétentieux est celui qui se croit plus intelligent que ceux qui sont aussi bêtes que lui.

3 BUZIƐ
LES PLUIES

Mai à Octobre
Saison du travail des champs. Chasse nocturne, et
ramassage des noix de Karité.

Il remonte de la terre cette odeur
fraîche des jours de pluie. Cette nuit le
chasseur dormira sur le flanc du lion, et
le babouin guettera la fleur sur nos épis
de maïs. Sortez, femmes ! C'est l'heure
le Karité n'attend pas, et il sera tendre,
son beurre.

KABUANA

(MAI)

Qui tombe avant toi, se relève avant toi.

Celui qui te devance à plus d'expérience que toi.

Si ce n'est pas du papotage, on ne dit pas à un singe que cet arbre est géant.

C'est perdre son temps inutilement que de vouloir donner des conseils à quelqu'un qui a des atouts naturels pour accomplir une mission.

Le scorpion pique le récipient mais le récipient continue de recevoir le repas.

Il y a des actes de destruction qui sont sans effet sur certaines personnes.

Dieu a donné les moyens au singe et il a giflé le chien.

Quand Dieu donne des ressources à certaines

personnes, ils prennent des risques inutiles au prix de leur vie.

Le veau sans corne ne se moque pas du bœuf qui a des cornes penchées.

On ne se moque pas d'un malheureux si on n'a pas fini de traverser la vie car personne ne sait ce que l'avenir lui réserve.

C'est de l'imprévu de voir tomber un fruit vert de Karité avant le fruit mûr.

La mort précoce d'un jeune n'est pas souhaitable et souvent imprévisible par rapport à celle d'un vieux.

Le coq du pauvre ne pousse pas les ergots.

Quand on a faim, on ne donne pas du temps à ce qui peut prendre de la valeur, on le vend à vil prix pour juste vivre.

Le crapaud ne se repose pas dans un milieu sec.

Quand on est riche, on s'encombre de biens inutiles.

Le crapaud se vante seulement, le marigot appartient au poisson.

Ce sont des tonneaux vides qui font du bruit.

Monte sur l'éléphant et la rosée ne te mouillera pas.

Qui a un ami puissant ne craint rien.

On a chaussé l'hyène.

On a doté l'aventurier d'un moyen des moyens de prendre des risques inutiles.

On ne cache pas le feu dans du coton.

On ne cache pas le mal, il resurgit toujours. L'on a beau vouloir faire partir ses défauts ou les dissimuler, ces derniers ressortent toujours un jour.

On ne prend pas le caca d'un éléphant devant lui

On ne critique pas un plus fort que soi en sa présence.

Si tu es assez patient, tu verras les os du ver de terre.

La patience permet d'accomplir l'impossible.

Si l'autochtone a une queue, l'étranger place une mouvette dans son anus.

Il faut s'adapter à chaque milieu.

Si la chauve-souris porte un chapeau, suis-la.

On n'abandonne pas devant une situation dont la fin est certaine.

On n'apprend pas à piquer le corps sur un arbre.

Le lieu d'apprentissage dépend de ce que l'on veut apprendre.

On ne cache pas au boiteux la chicotte.

On ne cache pas sa peine à un accusé qui n'a pas la possibilité d'y échapper.

On ne souffle pas dans la boite à piment.
On ne réveille pas le chat qui dort. On ne provoque pas un homme méchant.

Pour accomplir son devoir le coq a chanté
Ce qui doit se faire se fera.

Qui danse mal est mieux qu'un spectateur.
Celui qui fait et se trompe est mieux que celui qui ne fait rien.

Qui pâture un seul bœuf ne regarde pas derrières.
Le solitaire ne se soucie de personne.

Si tu dis que la douche ne sent pas c'est parce qu'elle est loin de toi.
De loin on ignore certaines réalités.

Si tu dis que la ronce ne portera pas de pagne, le kapok n'est pas éclaté.
Si tu dis que quelqu'un n'aura rien, le temps prévu pour sa gloire n'est pas encore arrivé.

Si tu dis que le cochons est salle, regarde son dortoir.
Il faut toujours tenir compte des circonstances personnelles des gens avant de les critiquer.

Si tu jettes les bois fumants, tu finiras par rester sans bois.

Si tu t'éloignes des gens à cause de leurs défauts, tu finiras ta vie dans la solitude. Il faut toujours savoir faire avec ceux qui vous entourent pour ne pas se retrouver seul.

Si tu n'arroses pas devant toi, tu ne marcheras pas sur l'humidité.

Tout ce qui se conçoit bien et se prépare en amont ne connait qu'une bonne évolution en aval.

Si le serpent a tué ta mère, dès que tu aperçois un ver de terre, il faut fuir.

Les mêmes causes produisent les mêmes effets, pour éviter les mêmes effets il faudra éviter les mêmes causes.

Tôt est le médicament de tôt.

Le plus tôt est la meilleure solution.

La part du python ne vole pas.

Ce qui vous appartient vous reviendra toujours.

Une seule lance ne manque pas de place.

Il y a toujours de place pour une seule personne.

PÔTÔ

(JUIN)

La queue du singe suffit pour l'attacher.

Il peut lui-même résoudre ses problèmes. Ce proverbe renvoie à l'autosuffisance d'un individu. Il n'a pas besoin des apports d'autrui pour accomplir sa mission.

Si tu suis le chat, tu mangeras de la viande crue.

Les mauvaises compagnies corrompent les bonnes mœurs.

Même si la couleuvre est inoffensive, on ne la met pas dans la poche de son pantalon.

Même si quelqu'un est gentil, il ne faut pas en abuser.

Le cheval acheté à vil prix ne grimpe pas une montagne.

Ce qui est gagné moins cher ne sert souvent pas

à faire de bonne chose. Plus on connait la valeur de quelque chose, plus on s'en sert pour mieux tirer les avantages.

L'étranger ne connait pas la tombe d'un aveugle.

Si l'étranger connait le secret d'un village, c'est un autochtone qui l'a informé.

L'étranger ne prépare pas la sauce d'oseille à l'autochtone.

Ce n'est pas l'étranger qui guide l'autochtone.

L'habitude n'est pas de l'impolitesse.

L'habitude n'offense pas volontairement. Chassez le naturel, il revient au galop.

L'oiseau d'hier ne chantera-t-il pas aujourd'hui ?

La nostalgie d'une belle expérience qu'on veut revivre.

L'oiseau qui chante beaucoup ne fait pas du bon nid.

Trop de bavardage n'est pas synonyme d'un bon travail.

On n'attelle pas le bœuf et l'âne pour labourer.

On n'associe pas ceux qui sont incompatibles.

On n'effectue pas un long voyage en courant.

On ne doit pas se précipiter dans les affaires importantes.

On n'envoie pas une botte de sable dans l'eau pour déterminer la profondeur de l'eau.

On n'envoie pas en mission une personne inap-propriée.

Quand le vent soufflera, on verra l'anus de la poule.

Face à certaines situations de la vie, on décou-vrira les tares et les vices d'une personne ou d'une société. Le temps propice arrivera pour que la vérité s'éclate.

Quand quelqu'un est debout sur une termitière, on verra ce qu'il fera dès que la pluie tombera.

Chaque situation de confort à ses limites.

Qui presse le miel se lèche la main.

Qui travaille à l'hôtel vit de l'hôtel. On ne profite que de l'endroit où on vit.

Qui sait recevoir un don en trouve plus.

Qui apprécie un don à sa juste valeur en reçoit davantage.

Qui se lève tôt est plus rapide que le cheval.

On ne rattrape pas celui qui se lève très tôt.

Le crapaud ne sait pas qu'il y a deux catégories d'eaux.

Qui est dans l'abondance oublie les périodes de manque.

Le lionceau ne broute pas l'herbe.

 A chacun ce qui lui est réservé.

Le poisson ne devance pas l'eau.

 On ne force pas le destin.

Même si un village n'a pas de roi, il a un grand cultivateur.

 Toute société a une autorité qui reste un leader.

On boit la soupe du chien lorsqu'elle est chaude.

 Il faut battre le fer quand il est chaud. C'est bon de régler certaines situations à temps.

Quand bien même l'œil ne peut pas prendre un colis, il sait bien ce qui est lourd.

 Ce n'est pas parce qu'on est incapable d'accomplir une mission qu'on ignore ses difficultés.

A quelqu'un qui connaît l'autruche, on ne lui fait pas peur avec un coq.

 Quand on a l'expérience des choses complexes, les choses les plus simples ne font pas peur.

Si un éléphant lance un bâton, c'est un éléphant qui l'attrape.

 Aux grands maux, aux grands remèdes.

Si ton champ est humide, cultive-le.

Profite du bon moment avant qu'il ne soit trop tard. Rien n'est acquis définitivement.

Tel est l'arbre, tel est le fruit.
Tel père, tel fils.

Tel l'oiseau vole, tel l'on lui lance le bâton.
A situation spéciale, mesure spéciale. Il faut savoir prendre la mesure des choses avant d'agir.

Un babouin aveugle ne reconnait pas un fruit vert.
Lorsque l'on a faim, on ne regarde pas la qualité d'une nourriture.

Un dans la main vaut mieux qu'une promesse.
Un « tiens » vaut mieux que deux « tu l'auras ».

SÊWA
(JUILLET)

Le singe ne s'amuse pas avec son perchoir

L'enfant a le devoir de respecter ses parents. On ne mord pas la main qui nous nourrit.

Les termites n'attaquent pas la feuille morte mobile.

Celui qui ne cesse de se battre finit toujours par connaître la victoire. La longévité se retrouve dans les combats quotidiens. Les mouvements vous rendent inaccessible aux ennemis. La procrastination est synonyme de la mort. La vie reste un combat permanent où les actions vous ouvrent les meilleures portes.

Si tes lèvres sont salles, passe-toi de tes lèvres.

Contente-toi de ce que tu as eu naturellement et que tu ne peux pas changer.

C'est la gentillesse du crapaud qui l'a rendu sans queue.

Parfois faire trop du bien vous crée des problèmes.

C'est par manque de chien que l'on amène le mouton à la chasse.

A défaut de ce que l'on veut, l'on se contente de ce qu'on a.

Un poussin qui ne suit pas sa mère tombe dans le feu.

L'enfant qui ne se suit pas les conseils de ses parents se crée des ennuis.

Le petit de ce qui se déplace par le saut ne rampe jamais.

Certains caractères sont héréditaires. Tel père, tel fils.

Le peulh ne garde pas un camp vide.

Personne ne fréquente là où il n'y pas un intérêt.

C'est parce que la fumée n'a pas trouvé de conseiller qu'elle est partie au ciel.

Qui n'a pas un bon conseiller agit toujours mal.

Ce que le mouton le mouton a vu et s'est tu, si le chien voit il aboie.

Ce que certains ont en se taisant rend d'autres fous.

L'enfant qui empêche sa mère de dormir, se prive lui-même de sommeil.

Quand on pense faire mal à quelqu'un, on y met aussi son temps qui pourrait servir à faire autre chose pour son développement personnel.

La civette ne met pas bas une mangouste.

Les caractères sont héréditaires. Tel père, tel fils.

La colombe qui a l'aile cassée sait où rester.

Selon ses conditions personnelles, on sait quel risque il ne faut pas prendre.

La feuille morte qui bouge n'est jamais attaquée par les termites.

Celui qui ne cesse de se battre finit toujours par connaître une grande victoire. La longévité se retrouve dans les mouvements ou dans les combats quotidiens. Les mouvements vous rendent inaccessible aux ennemis.

La perdrix ne peut pas renvoyer la poule de la maison.

L'étranger ne peut pas renvoyer l'autochtone

La pintade connait sa maman mais elle suit la poule.

L'enfant adoptif dit cela s'il veut partir.

La poule ne glousse pas devant le coq.

Il faut laisser aux voix les plus autorisées le soin

de prendre la parole.

Le baobab irritant a produit le baobab lisse.
Du mal est sorti le bon.

Le caractère se cache derrière les choses.
Il est impossible de se débarrasser totalement de ses aptitudes naturelles ou de tenter de les camoufler. Chassez le naturel et il revient au galop.

Le chien du roi est roi.
Ce qui appartient au roi est aussi respecté que le roi.

Le chien n'attrape pas le babouin en l'absence de son maître.
Qui n'a pas de bon conseiller n'avance pas.

Le margouillat ne quitte pas son chemin.
L'eau coule dans sa direction. Les grands hommes n'abandonnent pas leurs objectifs pour un rien.

Le patient chauffe la pierre jusqu'à la cuisson.
La patience est un chemin d'or. Avec la patience, on arrive à réaliser l'impossible.

On m'a pris ma poule et on m'a laissé un coq.
On t'arrache ce qui est fécond pour te remettre ce qui est stérile.

On ne confie pas la cage des cabris à l'hyène.

On ne donne pas un repas à cacher à un gourmand si on en aura besoin.

Quand Dieu donne ça dépasse un gris-gris.

Le talent se fait toujours remarquer sans des efforts surnaturels.

Que produit le feu si ce n'est la braise.

Tel père, tel fils. On hérite des qualités et des défauts de ses parents.

Si le cabri a un remède qui fait pousser les poils sur les genoux, qu'il le fasse pour lui-même.

La charité bien ordonnée commence par soi-même.

Si tu dis que la petite fourmi de ta maison ne te piquera pas, c'est la grosse fourmi noire du dehors qui te piquera.

Qui fuit sa maison souffrira dehors.

Si tu ne veux pas qu'on reste derrière toi, ne va pas au marché.

Quand vous savez ce que vous n'aimez pas, vous devez savoir aussi où cela se trouver pour l'éviter.

Tout ce qui pourrit, sentira.

Le mal ne saura se cacher longtemps. Rien n'est caché sous le soleil.

BUZIÊSI
(AOUT)

Que le varan soit debout ou couché, cela revient au même.

Gagner ou perdre revient à la même chose pour certaines personnes. Un risque actif ou inactif représente le même danger.

Si le chieur n'a pas honte de déféquer, le ramasseur n'aura pas honte ramasser.

Lorsque l'on n'a pas honte de commettre une faute, l'on n'aura pas honte de vous corriger.

On ne reconnaît jamais une chose amère avec les yeux.

Pour mieux connaître, il faut essayer. L'expérience et la seule preuve de la connaissance.

Si on rase la barbe de ton égal, mouille la tienne.

Si ton pair est en difficulté, prépare-toi.

Si on restait seul pour grandir, les lianes ne gripperaient pas aux arbres.

Pour grandir, on a besoin des autres.

On ne construit pas un grenier au bord d'une rivière.

Il faut éviter de mettre ses trésors à côté du danger.

On ne consulte pas l'oracle pour la chance.

Ce qui est à toi te reviendra toujours et au bon moment.

On ne coupe pas le succulent épineux de face.

Quand on calomnie quelqu'un, on n'aime pas qu'il le sache.

On ne court pas en grattant les fesses.

Il est impossible d'atteindre ses objectifs en conduisant deux activités incompatibles.

Quand l'on crache ne peut plus ravaler.

Il ne faut pas rejeter une chose pour ensuite la reprendre. On s'engage une fois de bon.

On ne redresse pas un bois sec.

C'est au jeune âge que l'on éduque bien.

On ne fend pas la gourde le jour du voyage.

On ne prépare pas la guerre le jour de la guerre.

Si tu dis à un enfant que son carquois est grand, il portera le mortier d'épice.

Quand on félicite trop un enfant en sa présence, il finit par exagérer

On ne grandit pas en poussant les cornes.

Il n'y pas de signe sur le front pour distinguer qu'une personne s'assagit.

On ne salue pas un fou pour sa course d'hier.

On ne félicite pas quelqu'un pour son mauvais comportement.

Quand on te rase la tête, ne la gratte pas.

Quand on te prodigue des conseils, ne la discute pas.

Quand quelque chose vient vers soi, on ne demande pas de l'aide pour le voir.

On ne se précipite pas pour vivre ce qui est inévitable.

On ne va pas à l'encontre d'une souris avec un gros gourdin.

La réaction doit être proportionnelle à la l'intensité de l'attaque.

On trie le lait du vomissement.

Faire le choix des siens parmi les autres, une forme de ségrégation.

On tue le crocodile de la source au nom du varan.

On commet certains crimes au nom d'autres choses.

On vend de l'or à celui qui le connait, même s'il ne peut pas l'acheter, il saura faire le prix.

On confie un bon projet à celui qui saura mieux l'apprécier même s'il n'est pas capable de le conduire.

Si tu déprécies ta corde, tu mets le néré sur tes épaules.

Il faut reconnaître la valeur de ce qu'on a pour être heureux. Il faut savoir utiliser ce qu'on a et leur reconnaître leur valeur.

Si le sorgho n'a pu rien faire, ce n'est pas son qui fera mieux.

Si tu n'es pas satisfait de ce que tu as, ce n'est pas ce qui appartient à autrui qui te comblera.

Si on envoie une poule pour l'achat de la viande et qu'elle revient sans viande, elle devient la viande.

A défaut de ce qu'on veut, on se contente de ce qu'on a.

Si quelqu'un envoie le serpent contre toi, envoie une souris contre lui.

Si quelqu'un vous fait du mal, faites-lui du bien.

Quand tu apprends à nager, reste dans l'eau la moins profonde.

Quand on est débutant, il y a des risques qu'il ne faut pas prendre.

Si tu arrêtes de faire la nourriture à cause de ton ennemi, ton proche mourra de faim.

Si tu cesses de faire du bien à cause des méchants, ce sont les bons qui en souffriront.

Lorsque tu as pour géniteur un gorille, nourris-toi des fruits de rônier.

On profite de ce que ses parents et on se contente de cela.

Si tu attends le feu sur la toiture du forgeron, c'est sur celui du peaussier que tu le verras.

Les apparences sont trompeuses

Si tu caches ta maladie, tu ne pourras pas cacher ta tombe.

Sois franc pour éviter le pire. C'est en exposant un mal qu'on arrive à trouver les meilleures solutions pour te guérir.

KPASEKÊ
(SEPTEMBRE)

C'est à cause de certaines personnes que d'autres mangent la viande de l'éléphant.

Quand le profit d'un combat est grand, la victoire profite également à ceux qui n'ont pas participé à la bataille.

Si tu dis que l'eau de quelqu'un ne bouillera pas, la tienne ne sifflera pas.

Quand tu empêches quelqu'un d'évoluer, toi aussi, tu ne vas pas évoluer. La prospérité se partage.

Le soleil ne peut pas détruire ce que Dieu a planté.

On ne peut pas changer le destin d'un homme.

C'est à la manche de l'ancienne flèche qu'on mesure la nouvelle manche.

On n'invente pas la roue, on part toujours de

l'ancienne. C'est au bout de l'ancienne corde qu'on tisse la nouvelle.

C'est dans la rivière qu'on connait qu'on se noie.

La trahison vient toujours de sa maison. Pour détruire quelqu'un, on utilise toujours ses proches, ceux avec qui il passe la plupart de son temps.

C'est Dieu qui sait où se trouve la pitance d'un caméléon aveugle.

Dans les moments les plus difficiles, il faut s'en remettre à Dieu.

C'est la brindille chanceuse qu'on plonge dans le miel.

C'est le chanceux qu'on utilise au bon moment pour une activité très rentable.

Si tu n'imite pas la démarche d'un gorille, on n'incite pas les chiens à te chasser.

Si tu n'es pas fautif, on ne t'accuse pas.

Si tu ne fais pas confiance à ton anus, n'avale pas une hache.

Quand tu n'es pas prêt pour un combat ne t'engage pas.

Si tu ne finis pas de traverser la rivière, ne te moque pas de la gueule du crocodile.

Qui vit n'est pas épargné des problèmes de la vie.

Si tu ne perds pas, tu ne ramasseras pas.
C'est en donnant qu'on reçoit. Le bienfait n'est jamais perdu.

Si tu ne veux pas attraper de criquets, ferme au moins la gourde où l'on garde les criquets attrapés.
Sois utile à quelque chose dans la vie.

Si tu portes l'habit fabriqué avec le sorgho, ne te plaint pas des coqs qui te suivent.
Le riche ne peut pas empêcher que des gens veuillent profiter de sa situation.

Si tu refuses d'aller chercher des ignames au champ sous prétexte que le soleil est ardent, tu finiras par quémander l'igname pilée sous la pluie.
Quand on ne travaille pas dur au moment où on a la force c'est au moment de faiblesse qu'on va tendre la main.

Si tu vis, ta part vient.
Qui vit espère. Tant qu'il y a la vie, il y a de l'espoir.

Si tu vois la tortue porter un fruit vert, salue l'orage.
C'est grâce à certaines personnes que d'autres possèdent certaines choses. Il y a toujours des gens

ou des situations qui offrent l'impensable à quelqu'un qu'on minimise.

Si tu vois un grain de mil perdu, il est sorti d'un tas de mil.

Un étranger n'est pas solitaire dans la vie. On a tous une famille ou des gens qui nous prennent pour des frères ou amis et qui sont prêts à être toujours avec nous.

Quand tu refuses d'aider un mendiant, ne lui montre pas la route d'une grande maison.

Quand on refuse d'aider quelqu'un on ne lui montre pas la route qu'il doit prendre pour trouver l'aide.

Quand tu vas dans une maison mortuaire et que tes orbites sont profondes, commence par pleurer très tôt.

Anticipe les choses selon ta capacité à résoudre certaines situations.

Quand un arbre perd ses feuilles, ce n'est pas sa fin mais le début d'une nouvelle floraison.

Quand une porte se ferme, mille meilleures autres s'ouvrent.

Quand un insecte noir tue ta mère, si tu vois une souche noire, il faut fuir.

Si tu as été victime d'une situation malheureuse, si une autre pareille apparaît, il faut détaler.

*Que Dieu ne tue pas le pied du sorgho avec sa chair,
qu'il en donne pour que tout le monde en mange.*

Que Dieu protège ce qui peut être utile à la société pour que chacun puisse en profiter.

Que Dieu ne tue pas le sorgho en floraison.

Que Dieu accorde à chacun ce qu'il cherche.

On ne gratte pas les yeux avec force.

Tout ne se résout pas avec force ou violence.

On ne lance pas ce qui s'envole.

On n'aide pas un habitué, il saura s'en sortir.

On ne met pas deux bâtons dans un trou.

On ne complique pas ce qui est simple.

*On ne partage pas un interdit qu'on ne mange pas
avec ses dents.*

Il faut éviter de se mêler de ce qui ne vous concerne pas de peur d'en subir les conséquences.

*On ne peut pas être sur le dos d'un éléphant et
craindre la rosée.*

On ne peut pas suivre un homme de grande capacité et vivre dans le manque ou souffrir d'un problème que ce dernier peut résoudre facilement.

*On ne piétine pas deux fois les testicules d'un
aveugle attentif.*

C'est une seule fois on fait du mal à un homme averti.

On ne prépare pas la guerre devant la guerre.

Pour une victoire, la guerre se prépare à l'avance.

On ne presse pas le dos du chien d'autrui.

Méfie-toi de ce qui ne t'appartient pas.

LIGBA-I

(OCTOBRE)

Aux bœufs sans queue, c'est Dieu qui chasse les mouches.

C'est Dieu qui protège le faible.

Si tu veux te lever propre le matin, prends ta douche la veille.

Quand on veut atteindre un objectif, on s'y met tôt.

C'est la gentillesse du crapaud qui l'a rendu sans queue.

Parfois faire trop de bien vous crée des problèmes.

La gourde vide fait du bruit.

Ceci renvoie à l'adage qui dit « C'est du tonneau vide qui fait du bruit. »

C'est le patient qui trouve l'os de l'asticot.

La patience permet d'atteindre ou de réaliser l'impossible.

Ce n'est pas à cause de la mort qu'on cessera d'accoucher.

Ce n'est pas à cause des mauvaises personnes qu'on cessera de faire du bien.

Ce n'est pas cassé, c'est fendu.

Ceci est un euphémisme. Désigner le mal par un autre mot pour en atténuer la gravité.

Ce n'est pas une seule source de rivière qui possède un grand copaïer africain.

Une grande œuvre est toujours accomplie et nourrie par beaucoup de personnes.

Ce qui a tiré le gardénia tire l'herbe.

Si celui qui te supporte rencontre des difficultés ou des opportunités, celles-ci rejaillissent sur toi.

L'agouti ne fait pas la campagne de feux de brousse.

On ne fait pas la propagande de ce qui peut vous détruire.

L'aisance amène les cérémonies de veuvage.

Quand on a les moyens on les dépense là où ce n'est pas nécessaire.

L'âne ne peut pas transporter le fardeau du chameau.

Le problème que certains supportent, d'autres y succombent.

L'animal qui est mort n'entend pas le bruit de la hachette.

Une fois mort, on n'a plus à craindre les menaces ou les dangers qui pouvaient nous affecter de notre vivant.

L'eau chaude doit se refroidir.

Toute chose a une fin.

L'eau de la mare s'assèchera sur les têtards.

Le temps de gloire dont on se vante finit toujours devant tout le monde.

L'eau empruntée ne tanne pas la peau du crocodile.

L'on ne résout pas tous les problèmes avec des choses empruntées. L'on n'atteint pas ses objectifs avec un emprunt.

L'eau ne change pas sa trajectoire.

On ne change pas ce qui est naturel. On a beau essayer de cacher sa propre nature, elle refait toujours surface. Chassez le naturel, il revient au galop.

Le buffle malgré sa force défèque tout doucement

La force n'est pas faite pour servir à l'homme

dans toutes les circonstances. Il faut savoir utiliser l'énergie quand il le faut et où il le faut de peur de se faire du mal.

L'eau ne se stagne pas sans la boue.

Chaque action a ses conséquences et ses limites. Aucune œuvre n'est parfaite.

L'enfant élevé sous un rônier se moque des taloches.

Quand on a vécu certaines situations difficiles de la vie, l'on perçoit d'autres circonstances comme moins graves.

L'enfant ne considère pas comme viande son varan élevé.

Nul n'est prophète chez soi.

L'enfant ne considère pas sa poule qu'il a élevée comme viande.

On n'apprécie pas ce que l'on a à sa juste valeur.

Ce qui ne laisse pas la tête tranquille laissera-il le chapeau tranquille ?

Ce qui n'épargne pas le chef n'épargnera pas ses sujets.

Celui a chié oublie, mais celui qui a ramassé n'oublie jamais.

Celui qui a fait un mal oublie mais ce qui en porte les séquelles n'oublie jamais.

Celui qui est assis ne trébuche pas.

Qui ne fait rien ne commet pas des erreurs.

Celui qui ne mange pas le cafard n'aura pas la nausée.

Si vous n'avez rien fait de mal, vous n'en subirez pas les conséquences.

Celui qui récupère la santé loue la vie.

C'est le rescapé qui reconnaît la valeur de la vie.

Celui qui trouve la tortue rapide a été élevé par l'escargot.

Celui qui n'a jamais connu le bon accepte le médiocre.

Chez un stérile on ne trouve pas de traces d'enfants.

Il ne faut pas chercher là il est impossible de trouver.

De loin la silhouette d'une rivière est belle.

De loin on ne perçoit jamais les défauts de quelqu'un. Tout ce qu'on n'a jamais approché est toujours considéré comme sans faille.

À PROPOS DE L'AUTEUR

Cosme OROU-LOGOUMA a approfondi ses études à l'Université d'Abomey-Calavi, se spécialisant dans le département des Lettres Modernes, avant de poursuivre sa formation en Administration Générale et Territoriale. Il a été successivement enseignant dans les lycées et collèges de Parakou, puis Assistant du Ministre, au Ministère de l'Intérieur et de la Sécurité Publique du Bénin. Sa carrière littéraire a été marquée par des distinctions prestigieuses, témoignant de son talent indéniable. Sa nouvelle intitulée « Je ne serai pas à tes noces » a été honorée par le Prix Plumes Dorées en 2012. Parmi ses autres créations notables figurent « Une femme à deux maris », une pièce de théâtre publiée en 2016, « Kiana ou le couteau de la femme » paru en 2022, et « Les pas d'espoir », œuvre publiée en 2024. La diversité de son écriture et ses succès dans des genres variés témoignent de son engagement continu envers l'exploration créative et littéraire.

f